DES

PORTRAITS D'AUTEURS

DANS

LES LIVRES DU XVᵉ SIECLE

PAR JULES RENOUVIER

Avec un Avant-Propos

PAR GEORGES DUPLESSIS.

PARIS

CHEZ AUGUSTE AUBRY

L'un des libraires de la Société des Bibliophiles français

RUE DAUPHINE, 16.

1863.

DES PORTRAITS D'AUTEURS

DANS

LES LIVRES DU XVe SIECLE

Tiré à 214 exemplaires :

200   papier teinté à l'antique.

 10   papier vergé de Hollande.

  4   peau de vélin.

LYON

IMPRIMERIE DE LOUIS PERRIN.

PORTRAITS D'AUTEURS

DANS

LES LIVRES DU XVe SIECLE

PAR JULES RENOUVIER

Avec un Avant-Propos

PAR GEORGES DUPLESSIS.

PARIS

CHEZ AUGUSTE AUBRY

L'un des libraires de la Société des Bibliophiles français

RUE DAUPHINE, 16.

1863.

AVANT-PROPOS.

I, pendant une bonne partie du moyen-âge, il ſemble qu'on n'ait eu aucun ſouci de poſſéder la repréſentation fidèle d'une phyſionomie royale ou illuſtre, il arriva un moment où chacun devint curieux de la figure d'autrui ou déſireux de tranſmettre ſes propres traits à la poſtérité. Bientôt, tandis que les ſculpteurs de nos cathédrales gothiques fouillaient dans

6

quelque coin de l'édifice leur image perfon-
nelle, l'homme riche, qui offrait à l'églife un
tableau votif, exigea que l'artifte le repréfentât
fur les volets lui & tous les fiens ; le miniaturifte
ne termina plus l'ornementation d'un manufcrit fans fe mettre en fcène, offrant fon volume
au feigneur qui le lui avait commandé, ou bien,
ufant d'une fupercherie permife, fans fe montrer fous les traits d'un des quatre évangéliftes.
Les graveurs du xve fiècle, fucceffeurs directs
des miniaturiftes, ne réfiftèrent pas non plus
au défir de placer quelquefois l'image de l'auteur au premier feuillet de fon œuvre, & c'eft
à la recherche de ces volumes que s'attache
M. Renouvier.

M. J. Renouvier s'eft occupé uniquement
des portraits d'auteurs qui fe trouvent dans les
livres imprimés au xve fiècle ; il a recherché
avec une perfévérance éclairée tous les ouvrages dans lefquels l'auteur eft repréfenté écrivant, profeffant ou offrant l'œuvre achevée au

perſonnage qui en a accepté la dédicace ; non content de noter le portrait, il en a révélé la valeur, montré l'importance & ſignalé l'intérêt. Il ne ſerait pas impoſſible, toutefois, en portant avec obſtination ſes recherches de ce côté, de découvrir quelques ouvrages échappés aux inveſtigations de M. J. Renouvier ; lors même qu'on réuſſirait à en découvrir un certain nombre, le travail que nous publions n'en mériterait pas moins l'eſtime, puiſqu'il aurait appelé l'attention ſur une branche de l'iconographie juſque-là totalement négligée. Si l'on ſonge, d'ailleurs, au petit nombre de portraits gravés au xve ſiècle qui étaient connus juſqu'à ce jour, on devra encore ſavoir gré à M. Renouvier d'avoir groupé ainſi les nombreux documents qu'il avait peu à peu réunis.

G. D.

DES PORTRAITS D'AUTEURS

GRAVES

DANS LES LIVRES DU XVe SIECLE.

’ART du moyen-âge était fi abforbé
dans fon idéal & fi écarté de la nature
qu'il ne tint aucun compte de la reffemblance dans les portraits. Jéfus-Chrift
n'a, fur les monuments, qu'une figure
légendaire ; elle pourra être belle ou laide, felon la théorie oppofée qu'en feront les docteurs, felon l'imagination
& le talent des artiftes, mais il n'y a ni volonté ni poffi-
bilité d'en trouver le fondement réel. Le modèle du roi

2

chrétien, à l'apogée de l'art gothique, Louis IX n'a point de portrait pofitif, les figures qui le repréfentent font imaginaires, poftérieures, pour la plupart, à 1297 & toutes transfigurées par la canonifation.

C'eft fous Philippe-le-Bel, grâce aux progrès accomplis par la fculpture, que l'on commence à trouver des effigies officielles avec un caractère de perfonnalité. Telles font les ftatues de marbre recueillies à Saint-Denis, de Philippe-le-Hardi, de Philippe-le-Bel, de Marguerite d'Artois, & du petit roi Jean (1). Au xive & au xve fiècle, les figures royales arrivèrent à une précifion encore plus grande par la peinture. Des exemples remarquables s'en font confervés dans les portraits peints de Philippe de Valois, de Jean, de Charles VII (2). Elles furent multipliées par la miniature, & fans s'aftreindre toujours à une exactitude difficile dans de petits ouvrages, les enlumineurs donnent fouvent des images fidèles de Charles V & de Charles VI. Louis XI & Charles VIII, dont les peintres firent des portraits de la reffemblance la plus minutieufe, furent les premiers qui firent buriner & frapper leur effigie fur des médailles, mais je ne veux pas m'occuper des portraits de rois.

Il y a dans les miniatures des manufcrits d'autres portraits qui y paraiffent d'auffi bonne heure & en auffi grand nombre, ce font ceux des auteurs ou, comme on

(1) V. *Monographie de l'églife de Saint-Denis*, tombeaux & figures hiftoriques, par M. de Guilhermy; deffins par Ch. Fichot. Paris, 1848, in-12, pp. 249, 260, 267.

(2) V. Mémoire fur l'iconographie hiftorique des Rois de France, par M. Vallet de Viriville. *Moniteur* du 19 janvier 1856.

difait alors, des acteurs. Ils font repréfentés recevant mandat de compofer leur livre, l'écrivant dans un cabinet, le profeffant devant des difciples, ou le préfentant au prince leur patron. C'eft ainfi qu'on trouve Adenez le roi, en tête d'un manufcrit d'Ogier le Danois, au XIIIe fiècle ; Jehan de Meung, fur des manufcrits du Roman de la Rofe & du livre de Boèce ; Raoul de Prefles, à la Cité de Dieu ; Nicolas Orefme, aux livres d'Ariftote ; Guyart Defmoulins, à la Bible hiftoriauxe ; Boccace & Laurens de Premier Faict, au livre des Cas des Nobles Hommes & beaucoup d'autres au XIVe & au XVe fiècle. Pour ces figures, moins encore que pour celles des rois, on ne doit compter fur une entière exactitude pour les traits de la perfonne ; mais, par l'obfervation du coftume, elles prennent une phyfionomie individuelle dont on peut fe contenter. Quand la gravure fur bois vint, à la fin du XVe fiècle, remplacer la miniature dans les livres imprimés, elle fit, dans fes frontifpices, une place encore plus grande aux portraits d'acteurs ; C'eft à propos de ceux-ci que je voudrais un peu difcourir.

L'acteur, dont le nom eft pris uniquement alors avec le fens d'auteur, d'inventeur & d'écrivain, remplit, en effet, un rôle capital dans fon livre. Il y paraît à côté du prince pour en recevoir la commande, ou, fléchiffant le genou, pour lui en faire l'offrande ; quelquefois auffi il eft repréfenté, felon l'affabulation de l'ouvrage, en fonge, ou en dialogue avec quelque perfonnage allégorique ; fouvent, enfin, il eft placé dans une chaire & profeffant à des difciples, ou bien feul affis dans fa chaife & devant fon efcriptoire ou fon lutrin. Cette dernière figure devint la

plus banale fur le titre des livres, même alors que leur texte
ne comportait pas d'autre illuftration.

Dibdin, dans fon *Bibliographical Decameron*, fait com-
mencer l'ufage des titres ainfi ornés à l'année 1490, &
fignale avant tous les autres ceux qui furent publiés à
Florence par Antonio Mifcomini. Mais les figures d'acteurs paraiffent à une époque antérieure dans beaucoup
de livres imprimés tant en Italie qu'en Allemagne, en
Hollande & en France : elles remontent aux premières
Bibles en langue vulgaire, où faint Jérome & les évangéliftes font repréfentés en écrivains ; aux premiers romans
de chevalerie imités des manufcrits tels que le *Roman de
Mélufine*, où l'acteur Jean d'Arras eft repréfenté à fon
pupitre en préfence de Jean duc de Berry & de fon con-
feiller ; c'eft-à-dire aux plus anciens livres allemands fans
date que l'on peut croire avoir reçu les premiers une
illuftration gravée. En voici des exemples pris dans les
livres datés de divers pays.

En Italie ils fe font remarquer par des traits d'une
grande précifion & par une première confufion de per-
fonnages modernes & antiques. Le *Bréviaire des décrets &
décrétales*, compofé par Paul Florentin, imprimé à Milan,
en 1478 (1), par deux Allemands, Léonard Pachel & Ulric
Scinczenceller, fut orné du portrait de ce théologien célèbre, appelé de fon temps le tréfor des prédicateurs fages.
Il eft en bufte, coiffé d'une calotte, revêtu d'une robe

---

(1) *Breviarium primo decretorum fecundo decretalium perutile*, Mediolani
impreffum per Leonardum Pachel & Uldericum Scinczenceller de Alamagnia
in hujus opificii exhibitione focios, anno M C C C C L X X V I I I , in-fᵒ.

décorée de la croix de Jérufalem, & la plume à la main devant un bureau & une librairie à quatre étagères. Les livres n'y font pas rangés verticalement, mais pofés à plat & la tranche avec fermoirs en dehors. Le foin avec lequel tous ces détails font pris, le travail du cadre, avec fronton garni d'un Saint-Efprit & de doubles croix, avec foubaffement portant les initiales du perfonnage : M ✝ P ✝ F ✝ O ✝ S ✝ S ✝, *Magifter Paulus Florentinus ordinis fanĉti Spiritus*, indiquent qu'il fut fait d'après un tableau. Cette illuftration eut du fuccès, car elle fut répétée, à Lyon, par les imprimeurs Mathias Hufz & Jean Battenf-chne dans l'édition qu'ils donnèrent du Bréviaire de Paul Florentin, en 1484 (1); &, à Memmingen, par Albert Kunne dans l'édition du même livre parue en 1486 (2).

Dans l'un des incunables italiens les plus remarquables par fes gravures, l'*Efope*, en vers latins & italiens, imprimé à Vérone, en 1479, par Jean Aluife & fes compagnons, le célèbre fabulifte n'eft repréfenté que comme un pro-feffeur dans fa chaire au deffous de laquelle fe tenaient un écrivain & des difciples.

La *Bible* en vulgaire publiée à Venife, en 1490, par Giovani de Ragazo de Montcferrato, contient une figure du moine traduĉteur Mallermi, travaillant dans fa cellule, qui eft des plus petites, mais rien n'y manque de ce qui

---

(1) M. Péricaud (*Bibliographie lyonnaife du XVᵉ fiècle*, 1851, in-8°, p. 7., ne cite cette édition que d'après Panzer; le portrait n'eft pas même mentionné.

(2) Cette copie d'Albert Kunne a été reproduite comme une planche originale dans l'ouvrage de Roth-Scholtz : *Infignia Bibliopolarum*. Norimbergæ, 1730, in-fº, p. 294.

conftitue un atelier cénobitique, ni l'efcabeau près du pupitre, ni l'autel domeftique avec l'image de la madone,
ni le pot de giroflée fur la fenêtre, ni la devife fur le mur :
SILENTIUM.

Le titre cité en première ligne par Dibdin était celui
des *Bucoliques*, traduites par Bernardo Pulci & imprimées
par Mifcomini, à Florence, en 1490. Il méritait bien cette
diftinction par la beauté de fon titre. C'eft Virgile que le
graveur a voulu repréfenter, mais la figure conviendrait
mieux au traducteur, car elle a l'air tout à fait florentin.
Le poëte eft vêtu d'une robe à grandes manches, coiffé
d'un bonnet carré & affis dans un cabinet meublé à la
mode du XVe fiècle.

Dans les *Elégances de la langue latine* d'Auguftin Dati,
imprimées à Venife, en 1491, par Giovanni Baptifta de
Seffa, eft repréfenté un magifter en chaire, au milieu de
fa claffe donnant le fouet à l'un de fes écoliers. On peut
bien prendre cette figure pour le portrait de ce Dati,
fcribe & grammairien de Sienne (1).

La *Théorie de la Mufique* de Gafori, imprimée à Milan,
en 1492, contient un portrait de l'auteur dans une fitua-
tion plus congrue ; le maître de chapelle de la cathédrale
eft repréfenté devant le clavier de fon orgue.

Les imprimeurs Jean & Grégoire de Gregoriis, à Venife, donnèrent plus de développement à ce genre d'illuftrations. Boccace ne paraît qu'en fimple écrivain dans le
Decameron de 1492, mais dans le *Novellino* de la même

---

(1) Dibdin a reproduit ce fujet qu'il appelle « an expreffive reprefentation
of academical maftigophorifing. » *Bibliographical Decameron*.

année, *Mafuccio* eſt repréſenté offrant ſon livre à la du-
cheſſe de Calabre. Dans le faſcicule de *Médecine*, de
1495, on voit Pierre Montagnana profeſſant dans ſa
chaire & d'autres médecins au lit du malade & devant la
table d'autopſie.

Sur le titre d'un *Perſe* imprimé à Veniſe, en 1497, au
frais d'Octavien Scot, on a repréſenté l'auteur aſſis entre
ſes deux commentateurs, Jean Britannicus & Barthélemi
Foncius, qui écrivent à un bureau fait comme une tri-
bune antique, & ici la confuſion n'eſt pas poſſible, car le
poëte porte la toge & ſon nom eſt écrit au deſſus de ſa tête.

Il fut facile à la gravure de formuler une figure ſigni-
ficative de Dante. Ses traits avaient été pieuſement re-
cueillis dès l'inſtant de ſa mort & de grands peintres
avaient conſacré ſon image ; il eſt déjà exactement rendu
dans les illuſtrations de la *Divine comédie*, imprimée à
Breſcia, en 1487, par Bonin de Boninis, & il prend toute
ſa reſſemblance dans la planche qui accompagne le *Credo*
d'une édition des *Opuſcules*, imprimée à Florence par
Franciſco Bonaccorſi. Le divin poëte y eſt repréſenté ſeul,
debout, ſon livre à la main avec une couronne par deſſus
ſa barrette.

Un grand intérêt s'attache aux figures qui décorent les
petits livres de la doctrine de Savonarole imprimés par
Miſcomini, en 1495 & 1496. C'eſt d'abord un vérita-
ble portrait ; le médaillon où il eſt tracé en buſte & de
profil porte pour légende : *Effigies vera F. Hieronimi Sa-
vonarolæ*. On y voit enſuite des moines en conférence ou
dans leurs cellules, qui ne peuvent être que des figures du
ſectaire dominicain & de ſes partiſans.

En Allemagne, les figures de l'acteur, traitées d'abord dans toute leur généralité, prenaient enfuite plus de réalité fans préjudice de la tendance à la charge qui eft propre à fes deffinateurs. La *Vie & les Fables d'Efope*, dont il y a plufieurs éditions à Augsbourg & à Ulm vers 1480, nous fait voir d'abord, en tête des fables, l'écrivain en fonctions ; il eft affis à fon bureau, tranfcrivant un volume & fon apprenti en remet un autre à un maître de corporation. Il y a de plus une figure d'Efope qui était digne de fervir de type & qui fut reproduite avec empreffement à Gouda & à Lyon. Le fabulifte de Phrygie eft repréfenté en pied, boffu par devant & par derrière, mais c'eft la feule reffemblance qu'il puiffe avoir avec la ftatue antique que l'on a trouvée de lui ; par fon air goguenard, il refte entièrement tudefque.

Dans l'*Horloge de fapience*, imprimé par Sorg, à Augfbourg, en 1482, il y a un portrait du moine auteur de ce livre afcétique, à côté de l'empereur Frédéric III. Sur le titre d'un *Almanach* imprimé par Ratdolt dans la même ville, en 1489, l'acteur eft repréfenté en peintre, devant un chevalet, peignant le firmament.

Le portrait de Caourfin, vice-chancelier du chapitre de Saint-Jean de Jérufalem, fe trouve dans la *Defcription du fiége de Rhodes*, imprimée à Ulm, par Jean Reger, en 1496. Cette gravure, repréfentant l'auteur affis & écrivant, & placée à la fin du volume, ne peut être que réelle, car elle diffère de celle qui eft au commencement & qui repréfente l'offrande. Caourfin, connu par fes miffions dans plufieurs cours, vivait encore au moment de l'édition.

Sébaſtien Brandt, le chancelier de Strasbourg, auteur de la *Nef des Fous du monde*, a mis ſon portrait dans le volume de ſes poéſies imprimé à Bâle, par Jean Bergman de Olpe, en 1498, & dans une édition qu'il donna des *Fables d'Eſope*, imprimée à Bâle, par Jacques de Phortzheim, en 1501. Il s'eſt fait repréſenter en grande robe, à genoux, ſon bonnet à la main, devant un tronçon d'arbre auquel eſt ſuſpendu une couronne de feuillage & ſon écu armorié.

Le plus fécond imprimeur de Strasbourg ne manqua pas de mettre des portraits aux éditions illuſtrées d'*Horace*, de *Virgile* & de *Boèce*. On ne peut les prendre que comme des exemples de la mode tudeſque que les deſſinateurs allemands ſavaient donner aux figures antiques. Horace, pour n'en citer qu'un, eſt vêtu d'une pèlerine de bourras, il a une chevelure flottante, une couronne de lierre & il eſt inſtallé entre ſa chaire & ſon pupitre comme aurait pu l'être le premier poëte lauréat de l'empereur Maximilien.

La France n'a pas l'initiative dans ce genre d'illuſtrations, elle y peut du moins apporter quelque variété & quelque eſprit. Les plus anciennes repréſentations d'acteurs que je puiſſe citer ſont dans *le Livre des Cas des Nobles Hommes*, imprimé à Paris par Jehan Dupré, en 1483. Une première planche nous le montre préſentant ſon livre, elle concerne plus particulièrement le traducteur Laurent de Premier Faict, qui eſt ainſi figuré dans des manuſcrits du XVᵉ ſiècle; la ſeconde repréſente l'acteur à ſon bureau, elle concerne, ſans doute, Boccace, hiſtorien. Il eſt vêtu d'une robe à pèlerine & capuchon, il eſt aſſis dans une chaire à dais armoriée de fleurs de lys & il déploie devant lui les pages d'un volume; dans un compartiment, à côté, ſont les figures d'Adam & Eve qui ſont le ſujet du premier chapitre. On voit des planches ſemblables d'acteur préſentant ſon livre ou l'écrivant, dans d'autres livres de Jehan Dupré, tels que *la Cité de Dieu* de ſaint Auguſtin, traduite par Raoul de Preſle, imprimée en 1486, & le *Triomphe des neuf Preux*, imprimé en 1487.

Dans les premières éditions du *Roman de la Roſe* faites à Paris & à Lyon, l'acteur eſt repréſenté dans ſon lit:

> Une nuyt comme je ſonjoye
> Et de fait dormir me convint
> En dormant un ſonge m'advint.

Dans *la Danſe macabre*, imprimée par Guy Marchand dès 1485, il eſt aſſis devant ſon pupitre, recevant d'un ange la pancarte de ſon œuvre. On ne ſaurait tirer de ces figures hypothétiques aucune lumière ſur les poëtes Guillaume de Lorris & Jean de Meung & moins encore ſur le prétendu Macabre.

Maître Alain Chartier, repréſenté auſſi couché en préſence d'Entendement & de Mélancolie, tel qu'on le voit dans ſon *Livre des Faits* imprimé par Pierre le Caron, en 1489, n'eſt qu'un écrivain vulgaire, coiffé du capuchon attaché à ſa robe, portant à la ceinture ſon écritoire & ſa régle.

Le grant Teſtament Villon & le petit, imprimé par Pierre Levet, en 1489, contient une figure que l'on ne peut

prendre pour un portrait exact du poëte de la place Mau-
bert, mais qui eft du moins l'idéal que s'en faifaient les
contemporains. Toutes les pièces de fon coftume peuvent être décrites dans fa langue, avec fa hucque & fon
tabart, fon chapeau de feautres & fon branc d'acier. L'artifte s'eft bien gardé de nous le montrer affis comme un
clergeon devant un pupitre, il l'a fièrement planté dans
fes chauffes femellées entre deux brins d'efglantier.

La figure d'écrivain la plus curieufe à confidérer pour
les détails d'un mobilier de favant eft celle qui orne le
titre du *Térence* commenté par Gui Jouvennaux, imprimé
à Lyon, par Jean Trefchel, en 1493. Le grammairien,
car c'eft Jouvennaux plutôt que Térence, y eft reprefenté
dans un appartement complet, entre fon bahut & fa librairie, fes courtines & fon châlit.

Antoine Vérard, qui modela fouvent fes illuftrations
imprimées fur celles des manufcrits, employa celle de
l'acteur dans fes diverfes fituations. J'ai cité ailleurs plufieurs de ces planches (1). La plus intéreffante eft celle
des *Heures* de 1488 qui le repréfente agenouillé devant
le roi. J'ai cru qu'on pouvait y voir le portrait de l'imprimeur lui-même. Le fait n'était pas, d'ailleurs, fans
précédents. On compte parmi les effais les plus curieux
de la gravure en bois, ceux où font aventurés des portraits des imprimeurs qui en furent les premiers foutiens.
Les Hollandais croient poffêder ainfi le portrait de celui
auquel ils attribuent la première origine de l'imprimerie, mais le petit bufte en lofange de Laurent Ianffoen,

(1) *Des gravures fur bois dans les livres d'Antoine Vérard.* Paris, Aubry, 1859.

gravé à la façon d'une carte, qui eſt expoſé à l'Hôtel-de-Ville de Harlem, n'eſt qu'une ſupercherie du ſiècle dernier.

L'un des plus célèbres imprimeurs des Pays-Bas, Jean de Weſtphalie, plaça ſon portrait pour marque dans la ſouſcription de pluſieurs de ſes livres imprimés à Louvain en 1475 (1). C'eſt un médaillon ovale où la tête reſſort ſur un fond noir ou rouge, coiffée d'un haut bonnet & en longs cheveux. Il a été reproduit par Lambinet au commencement de ce ſiècle (2). Cet auteur avance que Jean de Weſtphalie a ſuivi en cela l'uſage pratiqué par les cartiers, les deſſinateurs & les graveurs d'images qui ſcellaient leurs ouvrages de leur écuſſon, de leur monogramme, de leur anneau ou de leur portrait. On ne voit pas cependant pour ce dernier mode de ſignature qu'il ait cité d'autres exemples. Lorſque le graveur Andrieu exécuta, en l'an VI, pour les premières éditions ſtéréotypes de Herhan & Didot, le petit médaillon avec les trois têtes des inventeurs de l'imprimerie, il s'inſpira heureuſement de l'exemple de Jean de Weſtphalie, mais je ne connais pas de portrait de Guttenberg ou de Schœffer dans le même genre qui ait pu lui ſervir de modèle.

Une repréſentation beaucoup plus hardie ſe voit à la ſouſcription de deux livres imprimés, l'un à Rome & l'autre à Naples, en 1478, par Sixte Rieſſinger, de Strasbourg (3);

(1) V. la notice que j'en ai donnée dans l'*Hiſtoire de l'origine & des progrès de la gravure dans les Pays-Bas & en Allemagne, juſqu'à la fin du XVe ſiècle.* Bruxelles, 1860, in-8°, p. 268.

(2) *Recherches ſur l'origine de l'Imprimerie.* Bruxelles vendémiaire an VII, in-8°, p. 216.

(3) Les *Opuſcules de Philippe de Barberiis* & le *Philocole de Boccace,* décrits par Brunet. *Manuel du Libraire,* 4me édit., tom. III, p. 728, & t. I, p. 381.

c'eſt une figure vêtue d'une longue robe, coiffée d'un bonnet à huppe ſur des cheveux longs, & tenant un écu ; derrière ſa tête ſe déroule un phylactère avec les lettres s. r. d. a. qui ne peuvent être que les initiales de l'imprimeur *Sixtus Rieſſinger de Argentina*. Sans y voir préciſément un portrait de l'imprimeur artiſte, on peut la prendre pour une de ces perſonnifications familières à l'eſprit du xvᵉ ſiècle.

L'un des premiers livres ſortis de l'imprimerie d'Utrecht, *la Conſolation des âmes*, 1479, contient une petite planche où ſont repréſentés deux perſonnages en coſtume de maître & de juré de corporation, debout dans une enceinte crénelée, ſurmontée d'une figure du Très-Haut tenant le Décalogue. Ce n'eſt pas ſans raiſon qu'on y a vu les portraits des deux imprimeurs Nicolas Ketelaer & Gérard de Leempt (1).

Il ne reſte plus, pour terminer cette petite excurſion iconographique, qu'à indiquer une maiſon d'imprimeur. C'eſt à Anvers que la gravure en bois en prit l'image pour en faire la marque du propriétaire, reſté juſqu'à préſent anonyme. Elle eſt dans un traité de Mathieu de Cracovie, imprimé à Anvers en 1500. On y voit ſa devanture à vitrages, ſon banc, ſes écuſſons chargés de chiffres & ſon enſeigne, au *Mortier d'or* (*in die grote gulden mortier*) (2).

Le triage que je viens de faire pourrait être plus riche ;

(1) *Recherches biographiques ſur quelques incunables précieux de la bibliothèque de M. le duc d'Arenberg*, par M. de Brou. Gand, 1849, in-8°, p. 8. — *Hiſtoire de l'origine de la Gravure*. Bruxelles, 1860, in-8°, p. 277.

(2) Holtrop, *Catalogus librorum ſæc. XV, bibliothecæ Haganæ*. La Haye, 1856, in-8°, p. 89.

il a quelque prix fi l'on veut bien confidérer la pénurie
où nous fommes de portraits du xve fiècle & le dépérif-
fement des livres où je les ai cherchés. La plupart de ces
figures ne doivent être admifes que dans un fens géné-
ral. Ce font des portraits par la réalité de la repréfenta-
tion, la naïveté des airs, la précifion des coftumes. Mais
la perfonnalité s'y efface pour mieux prêter à un idéal
convenu. Ils ne gardent que la fignification de l'auteur
parlant au public & fe montrant dans un habit officiel
pour débiter fon prologue & faire fa falutation finale.
Dans quelques occafions feulement, foit caprice de l'artifte, foit célébrité du modèle, une reffemblance po-
fitive ne permet aucune confufion. Ces exceptions, par
les progrès de l'art, font devenues la règle. Au moment
du xve fiècle où la gravure fur bois envahiffait les livres,
l'art, dans tous fes mouvements, échappait à la banalité
religieufe des types pour fe rapprocher de la nature &
de la vérité.

OUVRAGES DE M. RENOUVIER

En vente che_ Augufte Aubry.

DES GRAVURES EN BOIS DANS LES LIVRES D'ANTOINE
VERARD, maître libraire, imprimeur, enlumineur & tailleur fur
bois, de Paris. 1485-1512-1859, in-8°, fur beau papier vélin teinté,
orné de deux grandes planches gravées fur bois (*Danfe des morts*)
par Lacofte jeune, & deffinées par Schlöffer . . . . 8 fr.

    Tiré à petit nombre. — Il n'en refte que quelques exemplaires.

    LE MEME, papier de Hollande. . . . . 10 »

JEHAN DE PARIS, varlet de chambre & peintre ordinaire
des rois Charles VIII & Louis XII, précédé d'une notice bio-
graphique fur la vie & les ouvrages & de la bibliographie complète
des œuvres de M. Renouvier, par G. Dupleffis. 1861, in-8°, papier
teinté. *Portrait de Marie d'Angleterre & fac-fimile de croquis* . . 5 »

    QUELQUES EXEMPLAIRES en papier vergé de Hollande. . . 8 »

DES GRAVURES EN BOIS dans les livres de Simon Voftre,
libraire d'Heures, avec un avant-propos par G. Dupleffis. Un vol.
in-8°, fur papier teinté, orné de planches gravées en bois . . . 5 »

    LE MEME, papier vergé de Hollande . . . . 8 »

DES PORTRAITS D'AUTEURS gravés dans les livres du
xv° fiècle; avec introd. par G. Dupleffis, in-8° 2 50

Lyon. — Impr. de Louis Perrin, rue d'Amboife, 6.